AF369625

| 8 0 | Chambre des Commissaires Priseurs
Envoi à la Bibliothèque Nationale. | (1897) - Juin - 2 |

VENTE DU MERCREDI 2 JUIN 1897

HOTEL DROUOT, SALLE N° **10**

à deux heures

TABLEAUX

MODERNES

AQUARELLES, DESSINS, PASTELS

COMMISSAIRE-PRISEUR	EXPERT
Mᵉ LÉON TUAL	**M. BREYSSE**
56, rue de la Victoire, 56	15, rue Laffitte, 15

EXPOSITION PUBLIQUE

Le Mardi 1ᵉʳ Juin 1897, de 1 heure 1/2 à 5 heures 1/2

PARIS — 1897

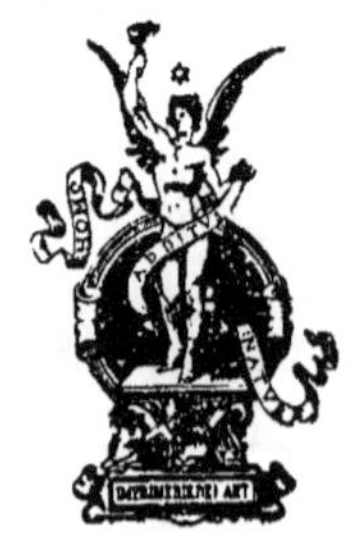

CATALOGUE

DES

TABLEAUX

MODERNES

AQUARELLES, DESSINS, PASTELS

PAR

**Boudin, Brown, Cicéri, Couture, Daubigny
De Dreux, Français, Gélibert, Gérôme, Jwill, Innocenti
J.-P. Laurens, Madeleine Lemaire, Lépine, Monticelli
Pelouse, Pissaro, Veyrassat, etc.**

DONT LA VENTE AURA LIEU

HOTEL DROUOT, SALLE N° 10

Le Mercredi 2 Juin 1897

A DEUX HEURES

Mᵉ LÉON TUAL	M. BREYSSE
COMMISSAIRE-PRISEUR	EXPERT
56, rue de la Victoire, 56	15, rue Laffitte, 15

Chez lesquels on trouve le Catalogue

EXPOSITION PUBLIQUE

Le Mardi 1er Juin 1897, de 1 heure 1/2 à 5 heures 1/2

CONDITIONS DE LA VENTE

Elle sera faite *expressément* au comptant.

Les Acquéreurs payeront CINQ POUR CENT en sus des adjudications.

Imprimerie de l'Art, E. MOREAU ET Cⁱᵉ, 41, rue de la Victoire.

DÉSIGNATION

TABLEAUX MODERNES

APPENAY

1 — *Fleurs.*

> Deux panneaux.

2 — *Fleurs.*

> Toile.

3 — *Marchande de coco, à Madrid.*

> Dessin à la plume.

APPIAN

4 — *A Cervérieux (Ain).*

BOUCHET-DOUMENG

5 — *Jeune Femme au bord de la mer.*

BOUDIN (E.)

6 — *Port de Dunkerque.*

7 — *Dunkerque.*

8 — *Un Coin de port.*

9 — *Un Coin de port.*

BOURGOIN

10 — *Fleurs.*

Aquarelle.

11 — *Marine.*

BRAQUAVAL

12 — *Port de Saint-Valery.*

13 — *Une Place à Béthune.*

BROCHART (C.)

14 — *Arlequine.*

15 — *Polichinelle.*

16 — *Femme devant une barrière.*

Pastels.

BROCHART (C.)

17 — *Canotière blonde.*

18 — *Canotière brune.*

19 — *Femme portant une cafetière.*

20 — *Jeune Fille au chapeau bleu.*
Pastels.

BROWN (John Léwis)

21 — *En Promenade.*

CASTIGLIONE

22 — *Intérieur.*

CHINTREUIL

23 — *Paysage.*

24 — *Paysage.*

CICÉRI (E.)

25 — *Paysage.*

CLAUDE

26 — *Fruits.*

CORNELLIER (E.)

27 — *Après l'orage (marine).*

COUTURE (Attribué à)

28 — *Une Bacchante.*

DAMOYE

29 — *En Sologne.*

30 — *Vue de Moret.*

DAUBIGNY

31 — *La Rentrée du troupeau.*

    Pastel.

DAUBIGNY (Attribué à)

32 — *Crépuscule.*

33 — *Pastel.*

DELPY (H. C.)

34 — *Soleil couchant (Bords de l'Yonne).*

DREUX (Attribué à ALFRED DE)

35 — *Chien assis.*

DESVARREUX

36 — *A l'Étang de Pense-Folie.*

ETTMULLER (D')

37 — *Homme d'armes.*

FAIVRE-DUFFER

38 — *Coquettorio.*

Toile.

FAIVRE-DUFFER

39 — *Jeune Paysanne des environs de Nice.*

Aquarelle.

FEREA

40 — *Joueur de guitare espagnol.*

Aquarelle.

FRANÇAIS

41 — *Important paysage.*

FRANCES

42 — *Jeune femme assise.*

Aquarelle.

FRAPPA (José)

43 — *Premier cigare.*

GAGLIARDINI

44 — *A Cayeux.*

GAUTIER (Armand)

45 — *Sœur de charité.*

GÉGERFELDT (W. DE)

46 — *Effet de neige en Suède.*

47 — *Marine en Suède.*

GÉLIBERT (JULES)

48 — *Chien de chasse.*

GÉROME

49 — *La Comédie.*

GUÉRY (ARMAND)

50 — *Champ de coquelicots.*

51 — *Sous bois, à Marlotte.*

GUÉTAL (L.)

52 — *Paysage.*

53 — *Torrent dans l'Isère.*

GUILLEMET.

54 — *Paysage.*

(G.) ?

55 — *Entrée de Jeanne d'Arc à Orléans.*

HAREUX (E.)

56 — *Paysage; soleil couchant.*

JWILL

57 — *A Saint-Vaast.*

58 — *A Équihem (marine).*

INNOCENTI

59 — *Le Reître.*

60 — *Hallebardier.*

61 — *Au Cabaret.*

62 — *Figures.*

INCONNU

63 — *Femme lavant à un puits.*

64 — *Paysage.*

JADRAQUE

65 — *Femme espagnole.*

Aquarelle.

LAPOSTOLET (Charles)

66 — *Vue de ville.*

LAURENS (J. P.)

67 — *Étude pour l'abbé Roitelet.*

LE GOFF (Silvain)

68 — *Pleine mer.*

69 — *Les Récifs d'Ouessant.*

LEMAIRE (Madeleine)

70 — *Dessin à la plume.*

LÉPINE

71 — *Un Coin de village.*

LINDEN .

72 — *Le faux Modèle.*

Toile. Salon de 1895.

MARX (A.)

73 — *Marché aux fleurs.*

Toile. Haut., 46 cent.; larg., 56 cent.

74 — *Le Chat.*

Toile. Haut., 5o cent.; larg., 65 cent.

A. MATHEZ (D'après Van Spandeonk)

75 — *Gerbe de fleurs.*

MATHEZ ¡D'après Allain)

76 — *Couronne de fleurs.*

MONTICELLI

77 — *Promenade du Dante.*

NARDI

78 — *Port de Toulon.*

NOIROT

79 — *A Saint-Maurice.*

80 — *Paysage ; crépuscule.*

OLIVE (J. B.)

81 — *Au Tréport.*

PELOUSE

82 — *A Carteret (Manche).*

A figuré à l'exposition Pelouse, aux Beaux-Arts.

PICOU (Henry)

83 — *Psyché délivrée par l'Amour.*

PISSARO

84 — *Paysage, à Anvers.*

RAVIER (Ate.

85 — *Sous bois.*

> Aquarelle.

86 — *Paysage.*

> Aquarelle.

ROUGERON (J.)

87 — *Portrait de femme.*

> Haut., 74 cent.; larg., 58 cent.

STEVENS (Attribué à ALFRED)

88 — *Portrait d'Italien.*

TROUILLEBERT

89 — *Paysage.*

90 — *Paysage.*

VALLET (FRÉDÉRIQUE)

91 — *Tête d'arlequine.*

92 — *Jeune fille coiffée d'un chapeau Directoire.*

> Pastel.

VAUTIER

93 — *Patineuse.*
  Pastel.

VEYRASSAT

94 — *L'Ane de la Laitière.*

YARZ

95 — *Fillette en promenade.*

96 — Un Lot de cadres. (Ce numéro sera divisé.)

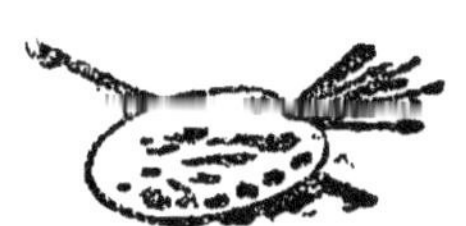

www.ingramcontent.com/pod-product-compliance
Lightning Source LLC
LaVergne TN
LVHW011010180726
843502LV00007B/2443